REETDACH

„Die kleine Buchgalerie"

© Cramers Kunstanstalt Verlag GmbH & Co. KG
D-4600 Dortmund Tel. (02 31) 52 82 38/39
Telefax (02 31) 52 68 77
ISBN 3-924302-38-3
Fotos: Helge Rackwitz, Cramers Kunstanstalt
Text und Gestaltung: Helge Rackwitz

Ein Reetdach wird gedeckt

Friesenhaus in Keitum

auf Sylt

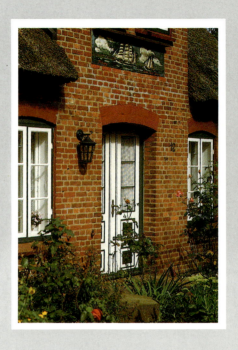

*Typische Tür,
Nebel auf Amrum*

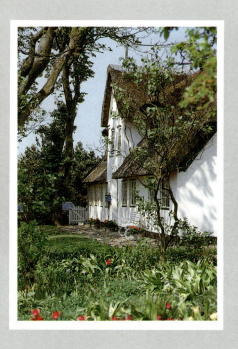

Friesenhaus

*Reetgedecktes Torhaus
Gut Roest*

Bauernhof

Tür auf Sylt

Typische Sylter Tür

Sommerliche Blütenpracht

Eiderstedter Haubarg

Friesenhäuser auf Amrum

„Rosenhaus" auf Föhr

Typische Haustür in Friedrichstadt

Bauernhof bei Niebüll

Melancholische Herbststimmung

*Altes Friesenhaus auf Amrum
von 1858*

Friesenhäuser auf Föhr

Reetgedeckter Hof

Roter Haubarg auf Eiderstedt

Friesenhaus auf Amrum

Friesenhaus

auf Sylt

Friesenhaus

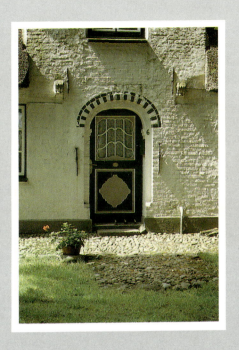

Ältestes Haus, Maasholm

Gut in Ostholstein